Herrn

Richard Dallwitz

zum 80. Geburtstag

am 9. September 1986

von Ihrer Ev. Kirchengemeinde

mit herzlichen Glückwünschen.

Ihr Ch. Bergner

Vergiß nicht, daß deine Seele Flügel hat

Vergiß nicht, daß deine Seele Flügel hat

Texte von Meinold Krauss
zu Bildern von Ernst Kirschner

J. F. Steinkopf Verlag Stuttgart

Ich gehe meinen Weg
vertrauend darauf,
daß es kein Irrweg,
sondern ein Heimweg ist.

Ich gehe meinen Weg
vertrauend darauf,
daß er mich nicht an ein Ende,
sondern an das Ziel führt.

Ich gehe meinen Weg
vertrauend darauf, daß,
wenn ich gefragt werde,
wohin ich gehe,
ich antworten kann:
immer nach Haus.

Alles was lebt, sich bewegt
hinterläßt eine Spur.
Wo immer du gehst,
eine Spur bleibt zurück:
keine Tat wird ausgelöscht,
kein Gedanke fällt ins Nichts.

Einfach vor sich hingehen,
kein Ziel vor Augen,
den ebenen Weg verlassen,
sich treiben lassen,
dem Zufall trauen,
daß irgendwo so etwas
wie Glück sich findet.
Dort an dem Stein die Distel blüht.
Unscheinbar ist ihr Gewand.
Doch dem liebenden Blick
erschließt sich das Unscheinbare.
Er entdeckt das Wunder,
das in allem ist, was lebt.

Nichts gleicht dem anderen,
jedes hat den Sinn in sich.
Natur will Vielfalt,
schwelgt in Farben,
haßt Eintönigkeit;
sie schafft im Überfluß,
sie prunkt mit Formen,
ist überreich im Schaffen
und bildet alles aus sich heraus.

Reif und Schnee
haben sich auf die Zweige
der Sträucher gelegt.
Aber dennoch: Früchte des Sommers
schmücken die winterlichen Zweige.
Die roten Beeren
trotzen der Kälte und dem Schnee.
An den kahlen Ästen
sind sie ein Triumph der Fruchtbarkeit.
Mitten im Winter.

LIEBER
ONKEL
MARTIN!
MARTIN!

A DU IMMER UM 18.00 UHR NACH HAUSE KOMMST , SCHREIBE ICH DIR.
CH WOLLTE NUR FRAGEN , OB DU AM SAMSTAG DEN 10.10.87 ZEIT HAST.
ND ZWAR HATTE ICH VOR EINEN AUSFLUG ZU MACHEN.HAST DU LUST?
CH DACHTE AN DAS PHANTASIALAND.
ATUERLICH KOMMT DEINE FRAU AUCH MIT .
CH HABE SIE GEFRAGT , SIE IST EINVERSTANDEN.
ENN DU DEINE WAHL TREFFEN WILLST,ICHHABE PROSPEKTE BEIGELEGT.
J SOLLTEST DIR DIE PROSPEKTE UNBEDINGT ANSCHAUEN!
ENN DU SIE ANGESCHAU* HAST,NICHT WEGSCHMEISSEN , GEBE SIE MIR.
CH WUERDE MICH FREUEN WENN DU DICH DAFUER ENTSCHEIDEN WUERDEST.
CH WAS FREUEN,ICH FAENDE ES|SUPER,SUPER,SUPER,SUPER,SUPER TOLL!!!
CH WAS FREUEN,ICH FAENDE ES|SUPER,SUPER,SUPER,SUPER,SUPER TOLL!!!
IE EINTRITTSPREISE,ERWACHSENE 15 DM,KINDER BIS ZU 12 JAHREN 12DM.
AFUER KANN MAN ALLES SO VIEL FAHREN WIE MAN WILL.
ETZT KANN ICH NUR HOFFEN , DAS DU DICH DAFUER ENTSCHEIDEST.
ENN ES NICHT GEHT , MUSS ICH MICH HALT FUEGEN.
IE GESAGT ES WUERDE MICH SEHR FREUEN WENN DU KOENNTEST .
RAGE DEINE FRAU,ES IST ETWAS WAS MAN GESEHEN HABEN MUSS.

HOCHACHTUNGSVOLL
DEIN
ENKEL
MARKUS!!!!!!
MARKUS!!!!!!

Bitte Antwort

ASSENHEIM DEN 8.10.1987

Brücken machen Abgründe begehbar.
Brücken wachsen nicht,
sie müssen gebaut werden;
dazu braucht es Menschen.
Aber auch zwischen Menschen
gibt es Abgründe, die trennen.
Menschen brauchen Brücken,
die zum anderen führen, von dir zu mir.

Ein Weizenfeld – reif zur Ernte,
die Last der Ähren beugt die Halme,
sie tragen die Frucht, die in einem langen
schweren Prozeß des Wachsens herangereift ist.
Aus dem Boden hat sie Kraft gesogen,
vom Regen wurde sie getränkt,
den Strahlen der Sonne hat sie sich ausgesetzt,
vom Wind wurde sie befruchtet.
Ein wundersames Zusammenspiel von Kräften
der Natur –
unterworfen dem einen Ziel:
dem Hervorbringen von Frucht.

Du gingst allein am Strand, es war kein guter Tag.
Du kamst dir matt und elend vor.
Das eigene Versagen stand dir vor der Seele,
der andern Neid und Schwäche.
Verflogen war dein Traum
von einem reichen und erfüllten Leben,
vom Wandern auf dem Höhengrat.
Was blieb, war nur das Mittelmaß, kein Höhenflug.
Es fehlten dir die Schwingen;
angstvoll am Grunde zitterte deine Hoffnung.
Da fiel dein Blick auf ein Gewächs von zartem Grün,
gekrönt von einer Blüte; es stand für sich
am weiten, kahlen Strand.
Ein Wunder, daß es da gedeihen konnte.
Dir war, als spreche es mit dir:
»Ich bin allein; ich bin nicht viel,
wie könnt ich sonst vom Sand mich nähren?
Ich bin so, wie ich bin,
bin Freund mir selbst, bin fröhlich, daß ich lebe.«

Die Frucht ist reif, die Blätter fallen,
was gewachsen ist, wird der Erde zurückgegeben,
damit es in ihr aufgehe im ewigen Kreislauf:
Stirb und werde.
Ein ewig gültiges Gesetz – was lebt, ist ihm unterworfen.
Aber der Mensch kann Ewigkeit denken:
Immer währendes Sein,
das wäre Erfüllung und Seligkeit,
des Menschen würdig, weil er sie denken kann.
Schaffen kann er sie nicht;
seine Sehnsucht nach Ewigkeit
macht ihn zu Gottes Ebenbild.

Riedgräser träumen vor sich hin
und blicken auf den See.
Die Halme zart, doch hochgereckt
bieten sich dem Wind zum Spiel.
Sie neigen sich und stehen wieder auf.
Auch Sturm kann sie nur beugen, nicht zerbrechen.
Anders die Bäume, ihre großen Brüder,
die setzen Kraft gegen Kraft,
leisten Widerstand, wenn Wetter droht.
Sie stemmen sich dem Sturm entgegen.
Sie lassen sich ein auf Kampf
und können darin zerbrechen.
Menschen können sein wie Gras,
Menschen können sein wie Eichen,
oft überlebt der Schwache,
wo der Starke stürzt.

Erfüllte Einsamkeit

Einen Platz finden zum Träumen.
Einen Ort der Stille, um mich zu fragen,
ob der Kurs meines Lebens noch stimmt.
Ob ich den Menschen an meiner Seite noch genüge.
Ob mein Tun noch sinnvoll ist.
Hier finde ich Stille,
die mir erfüllte Einsamkeit schenkt.
Nur noch das Schlagen meines Herzens
nehme ich wahr und höre,
wie der Wind seine Lieder singt.
Ich empfinde Glück, das tief mein Sein durchströmt.

Gleichnis

Der Baum – tief verwurzelt steht er in der Erde,
nur manchmal wird er vom Winde bewegt.
Von oben bis unten ist er lebendig.
Von Erde und Wasser, Sonne und Luft
nimmt er seine Lebenskraft.
Fortwährend ändert er sein Bild.
Er ist schön in seinem Grün,
herrlich anzuschauen in seiner Blütenpracht,
in der Zeit seiner Früchte.
Sein Herbstkleid lädt zum Träumen ein.
Und wenn dann die entlaubten Zweige
schwarz und skelettartig
in den Himmel deuten,
wirkt er nicht trostlos, sondern sehnsuchtsvoll
in Erwartung neuen Lebens.
Die Botschaft des Baumes ist tröstlich.

Meinen Platz im Leben finden,
zuverlässig sein und festgegründet,
als Teil eingefügt zu einem Ganzen,
das bleibt und dauert.
Treu sich selbst und treu den anderen,
tragen und mitgetragen werden,
im Dienst eines Größeren stehen.

Ist dein Blick müde geworden
und sind deine Sinne trüb
vom Anblick der grauen Städte,
ihrer Straßen von Asphalt,
ihren Festungen aus Beton,
ihrem Lärm der Motoren,
dem Gewimmel hastender Menschen?
Schließe die Augen und schau in dich.
Du träumst dir ein stilles Haus,
es entspringt der großen Sehnsucht
nach einem einfachen, sinnvollen Leben.
Die Wiesen, Blumen und Bäume
werden zu einem Teil von dir.
Du wirst ein Teil von ihnen.
Ein Bach rauscht die Melodie deines Lebens.
Eine tiefe Gewißheit überkommt dich.
Hier ist Ruhe und ein Zuhause für die Seele.

Nein, den Himmel möchte ich nicht
den Spatzen und Spöttern überlassen.
Eine Erde ohne Himmel
ist für mich so sinnlos
wie ein Himmel ohne Erde.
Beides brauche ich,
um leben zu können.
Der geöffnete Himmel über mir
läßt mich die verschlossene Erde ertragen.

Land, das nach Wasser schreit,
ausgetrocknet und verkrustet.
Wenn jetzt ein Regen fällt,
wird sich neues Leben regen,
Wurzeln können wieder Kraft gewinnen,
der Samen kann sprießen.
Bild meines Lebens:
Immer in Erwartung stehen,
daß der lebenspendende Regen
nicht ausbleibt.

Mich dem Leben öffnen wie die Blüte,
das ist mein Wunsch.
Mich allem öffnen,
die Kälte und den Sturm nicht scheuen,
die Sonne suchen und im Blühen
nach Frucht mich sehnen.

Wasser ist Ziel menschlicher Sehnsucht:
Der Dürstende sucht die Quelle,
der rauschende Bach erquickt das Ohr,
Meer ist Zeichen von Unendlichkeit;
der Wassersturz jubiliert im Niederfall,
der stille Teich spiegelt das Gesicht der Liebenden.
Der lächelnde Bergsee
verhüllt den Abgrund.
Wasser ist Labsal dem Leib,
tausendfach entzückt es das Auge.

Staunen möchte ich wieder können,
mich an Gras und Blume freuen.
Vergessen alles, was bedrückt.
Mit Händen in die kühle Erde greifen
und beglückt am Boden ruhen.
Die Pusteblume weckt in mir das Kind.
Ich pflücke sie und halte sie hoch,
und wie die Mutter einst mich lehrte,
hauch ich den Atem an den Flaum,
der sich verflüchtigt in die Luft.
Mir heute noch – wie einst dem Kind – zur Freude.

Angebunden, vertäut, festgelegt,
geborgen im sicheren Hafen,
ein Schiff, ans Ziel gelangt.
Es träumt von der nächsten Fahrt,
von Wind und Wellen, Sturm und hoher See.
Mein Lebensschiff, wo treibt es jetzt?
Möcht es sich an die Kette legen,
sich binden und gebunden sein?
Strebt es hinaus in weite Ferne,
ist ihm der Horizont zu eng?
Das wäre gut: auf großer Fahrt
den sicheren Ankerplatz zu wissen!

Ich muß genau hinsehen,
dann erst erkenne ich die Einzelheiten;
dann erst werde ich betroffen von der Schönheit
und begreife die Einzigartigkeit
inmitten der Vielzahl.
Schon ein einzelnes Blatt
kann mir dann bedeutsam werden,
mich für sich einnehmen.
Ein Blatt, ein Mensch genügen,
werden Gabe für mich,
lassen mich das Wunder der Schöpfung preisen.
Manchmal sehe ich das Leben.

Weite sehen, Weite fühlen,
sich sehnen nach Ferne
aus der Enge und Begrenztheit hinaus.
Die Erde hält dich fest,
aber:
Vergiß nicht, daß deine Seele Flügel hat.

Meinold Krauss, geboren 1944, ist Pfarrer und Journalist.
Nach dem Studium der Theologie und Diakonie-Wissenschaft journalistische Ausbildung beim Süddeutschen Rundfunk Stuttgart.
Ständige Mitarbeit bei Hörfunk und Fernsehen.
Veröffentlichungen:
»Die vielen Namen Gottes« (Hrsg.), J. F. Steinkopf Verlag Stuttgart
»Ich bin nicht allein«, J. F. Steinkopf Verlag Stuttgart
»Ich habe einen Traum« (Hrsg.), Kreuz-Verlag Stuttgart
»Karl Rahner im Gespräch mit Meinold Krauss«, Herder-Bücherei Freiburg/Br.
»Helmut Thielicke im Gespräch mit Meinold Krauss«, Herder-Bücherei Freiburg/Br.

Titelbild: Rolf Kunitsch
Buchgestaltung: Hans Hug, Stuttgart
Satz: Typosatz Bauer, Fellbach
Lithos: Reproduktionstechnik Carl Ruck, Stuttgart
Druck und Bindung: Freiburger Graphische Betriebe, Freiburg/Br.

ISBN 3-7984-0621-9